Das einsame Pferdchen

Heidi Anders- Donner

Mit Illustrationen von Imke Heine

Tonga

Bibliografische Information der Deutschen Nationalbibliothek:

Die Deutsche Nationalbibliothek verzeichnet diese Publikation in der Deutschen Nationalbibliografie; detaillierte bibliografische Daten sind im Internet über http://dnb.dnb.de abrufbar.

© 2022 Heidi Anders-Donner, Illustrationen: Imke Heine

Herstellung und Verlag:
BoD – Books on Demand, Norderstedt

ISBN:978-3-7562-2550-7

Auf dem Dachboden des alten Hauses, zwischen Kisten und Kartons, unter einem weißen Tuch, träumt das Pferdchen Tonga von glücklichen Tagen.

Vor fünf Jahren hatte das hölzerne Spielzeug noch seinen Platz in Annas Zimmer. Jeden Morgen, wenn sie aus dem Bett gesprungen war, streichelte sie Tonga. Dann stieg sie auf und schaukelte vergnüglich mit ihm hin und her, bis sie im Spielzeugland angekommen waren.

„Warte hier auf mich, mein Pferdchen", sagte sie und gab ihm einen Kuss.

„Wenn der Kindergarten schließt, reiten wir wieder nach Hause."

Tonga rührte sich nicht von der Stelle, bis Anna am Nachmittag ins Zimmer hüpfte und auf den Rücken ihres Lieblings-Spielzeugs kletterte. Das Pferdchen wieherte vor Freude. So schien es dem kleinen Mädchen jedenfalls.

Eines Tages, als Anna gerade ihren 6. Geburtstag im Kindergarten gefeiert hatte, erklärten die Eltern, dass die Familie nun bald in die Stadt ziehen würde. In dem Dörfchen Lumbach gab es nur einen Bäcker, einen kleinen „Tante-Emma-Laden", einen Kindergarten und die Bushaltestelle am Dorfteich. Die Schule war in der Stadt und Vater und Mutter wollten nicht, dass Anna jeden Tag mit dem Bus fahren musste.

Oma Erna weigerte sich jedoch, auf die gesunde Landluft zu verzichten und beschloss, in Lumbach zu bleiben.

„Ihr werdet noch dankbar sein, wenn ihr ab und zu mal Ferien auf dem Lande machen könnt", verkündete sie der Familie kurz vor deren Umzug.

Tonga blieb bei Oma Erna, denn für ein Pferdchen aus Holz würde Anna nun bald keine Zeit mehr haben. So landete es schließlich auf dem Boden und wurde mit einem Tuch abgedeckt.

„Ich besuche dich bald", versprach die Spielgefährtin, als sie sich von Tonga verabschiedete.

„Ob sie das auch nicht vergessen wird?" Traurig schnaufte Tonga leise vor sich hin und träumte von nun an jeden Tag von der fröhlichen Zeit mit Anna.

Mittlerweile lag eine Menge Staub auf Tongas Abdecktuch.

Irgendwann hatte das Pferdchen auch Annas Stimme im Haus vernommen. Aber dann war alles wieder still geworden und niemand kümmerte sich lange Zeit um das einsame Schaukelpferd auf dem Dachboden.

Eines Morgens im Frühling wurde es laut im Haus von Oma Erna. Fröhliches Lachen drang bis unter das Dach.

„Das ist..., das ist Anna. Ich kenne ihre Stimme", wieherte Tonga leise und wippte aufgeregt hin und her.

„Ob sie mich besuchen wird und mit mir spielt, so wie einst?" Aber Tonga wartete vergeblich. Niemand ließ sich blicken.

Tatsächlich war Anna nach Lumbach gekommen. Sie hatte ihre Freundin Marlene mitgebracht und wollte mit ihr bei der Oma ein paar schöne Tage verbringen. Marlene lebt seit jeher in der Stadt und hatte noch nie Ferien auf dem Lande gemacht. Sie war wahnsinnig neugierig und konnte es kaum erwarten, Pferde, Hühner, Schafe, Schweine und anderes Getier aus der Nähe zu sehen. Denn Anna hatte ihr vorher schon viel erzählt. Und nun war es endlich so weit.

Mit zwei schnatternden Mädchen im Auto war Marlenes Papa nach Lumbach gefahren und hatte die beiden mit ihren Reisetaschen bei Oma Erna vor dem Haus abgesetzt.

„Viel Spaß wünsche ich euch", hatte er zum Abschied gerufen und war in seinen blauen Flitzer gestiegen. Die Großmutter empfing sie mit herzlichen Worten.

„Willkommen auf dem Lande. Ich freue mich, dass mein Haus endlich mal wieder voller Leben ist", sagte sie und führte die Mädchen sogleich in das Zimmer, welches sie für ihre Enkelin und deren Freundin hergerichtet hatte.

„Ist das Schlafsofa breit genug für die Damen?", fragte sie mit Schalk in den Augen.

Anna und Marlene sahen sich an und prusteten los. „Ich denke schon, dass wir ausreichend Platz haben, liebe Omi."

Das einstige Kinderzimmer der Enkeltochter war also nun ein Gästezimmer. „Es ist wirklich nett, Frau Hellweg, dass ich bei Ihnen wohnen darf", bedankt sich Marlene artig.

„Weißt du, Mädel, ich schlage vor, du sagst einfach Oma Erna zu mir, einverstanden?"

„Gerne, Frau Hell..., äh, Oma Erna."

Anna fiel ihrer Großmutter um den Hals und drückte sie ganz fest.

„Danke, Omi. Am liebsten würde ich den ganzen Sommer über bei dir in Lumbach bleiben."

Am nächsten Morgen sitzen sie zu dritt beim Frühstück. Die Sonne war schon vor ihnen aufgestanden und begrüßte die Ferienkinder durchs Fenster. Oma Erna hatte frische Brötchen, für jeden ein gekochtes Ei, Milch, einen Teller mit Obst, einen mit Käse und ein Glas selbstgemachte Erdbeermarmelade auf den Tisch gestellt. Sie staunte, wie die beiden zulangten.

„Ihr habt ja wirklich einen riesigen Appetit. Gab es bei euch zu Hause nichts zu essen?" Das hatte sie jedoch nicht ernst gemeint. Vielmehr sah sie mit Freude, wie die beiden ein belegtes Brötchen nach dem anderen genüsslich verdrückten.

Plötzlich klopft es. Anna springt auf. Als sie die Tür öffnet, strahlt sie über das ganze Gesicht. Vor ihr steht doch wahrhaftig Florian, ihr Freund aus dem Kindergarten.

„Mensch Flori, du bist ja einen ganzen Kopf größer als ich, wie hast du *das* denn gemacht", fragt sie keck und gibt dem Blondschopf einen Schmatz auf die Wange. „Das ist ja eine stürmische Begrüßung", sagt er ein wenig verlegen und seine Ohren färbten sich rot.

Marlene kommt hinzu.

„Wie du siehst, Flori, habe ich Verstärkung aus der Stadt mitgebracht. Dieses Zopfmädchen heißt Marlene, ist meine Freundin und sie geht in meine Klasse."

Nachdem Florian sie von Kopf bis Fuß betrachtet hat, reicht er ihr die Hand.

„Schön, dass du mitgekommen bist. Zu dritt wird es bestimmt nicht langweilig."

Die Mädchen kichern. Annas Großmutter räumte inzwischen den Frühstückstisch ab und summte leise vor sich hin.

Marlene kann nicht ahnen, dass eine Überraschung für sie geplant war. Alle anderen sind eingeweiht, natürlich auch Oma Erna, denn ohne ihr Einverständnis wäre aus dem gemeinsamen Besuch in Lumbach nichts geworden. „Wir müssen uns beeilen. Am anderen Ende des Dorfes wartet man schon auf uns", drängelt Florian.

„Bis später, Oma!" Und schon rannten die drei schwatzend aus der Küche.

„Na dann, viel Spaß", rief sie ihnen hinterher. Danach stellte sie das Geschirr vom Frühstück in die Abwaschschüssel. Zunächst wollte sie eine andere, wichtige Arbeit erledigen. In ihrem kleinen Garten hinter dem Hof wachsen Stachelbeeren und Johannisbeeren am Strauch, aber die waren noch nicht reif. Auf dem Beet mit den Erdbeerpflanzen lugen viele rote Früchte aus dem Grün hervor. Und die sehen so lecker aus, dass einem das Wasser im Munde zusammenläuft, wenn man sie nur ansieht. Da konnte sich Oma Erna nicht bremsen und steckte zwei besonders dicke Beeren in ihren Mund. „Mhm…, sind die süß. Die werden den Mädchen bestimmt gut schmecken." Sie bückte sich und pflückte mit ihren flinken Händen die saftigen Früchte ab. Es dauerte nicht lange und sie hatte eine große Schüssel mit Erdbeeren gefüllt.

Nun konnte sie in der Küche ihr Vorhaben vollenden.

„Du wirst sehen, Marlene, unser Lumbach ist sehr schön", schwärmt Florian. Und da hatte er nicht übertrieben.

Im Ort gibt es hübsche, alte Bauten mit Fachwerk. Einige neue Wohnhäuser sind links und rechts der Straße errichtet worden. Vor der Bäckerei Nowack stehen drei große Lindenbäume, deren hellgrüne Blätter in der Sonne leuchten. Alle Leute heben zur Blütezeit beim Vorübergehen die Nasen gen Himmel, weil die Lindenblüten berauschend duften. Aber dumm ist, wer sein Auto in ihrer Nähe parkt, denn der Blütenhonig ist sehr klebrig. Meistens machen Fremde diese Erfahrung. In der Mitte des Ortes, wo die nette Frau Domke und ihr Mann einen Dorfladen betreiben, ragt eine riesige Eiche mit einer gewaltigen Krone in den Himmel. Der kleine Dorfteich ist wegen der üppigen Büsche und Sträucher, die am Ufer wachsen, kaum noch zu sehen. Nur an der Stelle, wo neben einem großen, alten Rhododendron eine Bank steht, kann man aufs Wasser schauen und das Entenpaar, Karl und sein Schnattchen, beobachten. Manchmal sitzen dort ältere Bürger aus Lumbach eine Weile, um sich auszuruhen, wenn sie im Laden bei Domkes einen Einkauf gemacht haben.

„Wir sind gleich am Ziel", sagte Florian zu Marlene und deutet auf das hölzerne Tor vorm Grünberg – Hof.

Plötzlich kommt ein kleiner Vierbeiner angepest und steuert direkt auf Flori zu.

„Das ist Lümmel. Er ist der Chef auf dem Bauernhof und sehr wachsam." Der quirlige Hund flitzte zwischen den Kindern aufgeregt hin und her. „Wie nett von dir, dass du uns herzlich begrüßt", lobt Anna ihn und streichelt sein weiches Fell.

Als Florian das hölzerne Tor geöffnet hat, stürmt Lümmel mitten ins Hofgetümmel. Es gackerte und schnatterte von allen Seiten. Von den Dächern ertönte das Gurren der Tauben. Einige flattern davon, andere lassen sich gerade nieder.

„Was für ein buntes Treiben. Wie sehr habe ich mich darauf gefreut." Marlene ist begeistert.

Mit einem kräftigen Pfiff ermahnt Flori seinen eifrigen Wachhund, der gerade eine zischende Gänsemutter in die Flucht schlagen will. Er zieht den Schwanz ein und trollt sich verstohlen davon. Florian verschwindet kurz hinter einer Tür und kommt mit einem kleinen Eimer voller Körner für die Hühner zurück. „Willst du sie mal füttern?", fragt er Marlene.

„Natürlich, gerne. Aber wie mach ich das?" Sie schaut ihn unsicher an. Florian lacht. „Das geht ganz leicht, du wirst es sehen."

Er zeigt ihr, wie man die Körner mit den Händen auswirft, damit alle etwas abbekommen. Dann streut Marlene dem gackernden Hühnervolk das Futter hin. „Für den Anfang machst du das schon gut", lobt er sie und stellt den leeren Eimer auf eine kleine Bank.

Als nächstes besuchen sie die zwei rosa Schweinchen, Aute und Jola, in ihrem Stall. Die hatten sich gerade zu einem Nickerchen aufs frische Stroh gelegt.

„Wie niedlich sie sind", haucht Marlene.

„Wenn sie sich dann groß und dick gefressen haben, werden sie am Ende zu...", Flori verschluckt sich beinahe und unterbricht seine Erklärung, denn Anna schaut ihn entsetzt an.

„Ich weiß selbst, dass alle Schweine irgendwann als Schnitzel oder Gulasch auf dem Teller landen", erklärt Marlene.

Annas strafender Blick war ihr nicht entgangen. Dabei hatte Flori nichts Unrechtes sagen wollen.

„Schon gut," mault der verlegen. Damit war die Sache erledigt.

Als sie den Besuch bei den rosa Schweinchen beendet hatten, gingen sie zurück auf den Hof. Florian winkte die Mädchen zu sich. Dann lief er mit ihnen wenige Meter bis zu einem braunen Tor.

Dass dies der Eingang zum Pferdestall war, konnte man schon ahnen, denn es roch nach Pferd. Drinnen ist er groß und hell. In zwei Boxen stehen Armara und Sprinter, die Reitpferde von Florians Eltern. Die scharren mit den Hufen und schnauben laut zur Begrüßung.

Aber dann, als die Mädchen die drei Ponypferdchen in ihren Boxen entdecken, können sie sich vor Begeisterung kaum bremsen. Marlene ist überwältigt beim

Anblick der schönen Tiere, die neugierig näherkommen. Flori beobachtet, dass sie ihre Hand ausstreckt, aber sofort wieder zurückzieht. Wie es scheint, hat sie ein wenig Angst.

„Wenn du willst, kannst du sie ruhig streicheln, die beißen nicht", ermutigt er sie. Marlene versucht es noch einmal vorsichtig und freut sich, dass es dem braunen Pferdchen gefällt. Anna hatte inzwischen allen Ponys eine Streicheleinheit verabreicht und jedem etwas zugeflüstert.

„Wie schön, dass wir uns auf eurem Hof

umschauen dürfen", sagt sie und zwinkert Flori zu. Der zuckt die Schultern.

„Erfahren wir jetzt endlich, womit du Marlene und mich überraschen willst?", drängelt Anna weiter. „Ich platze beinahe vor Neugier. Oder willst du uns noch länger zappeln lassen?" Sie tut so, als wüsste sie nichts von der Überraschung.

Aber als sie Florians Eltern durch das große Tor kommen sieht, flitzt sie ihnen entgegen und lässt sich stürmisch in die Arme nehmen. Dann begrüßen Herr und Frau Grünberg auch Marlene herzlich.

„Habe ich richtig gehört, dass ihr ein Wochenende in Lumbach verbringen wollt, und dass ihr zu Hause erzählen möchtet, wie schön es auf dem Lande ist?", möchte Floris Vater wissen. Aber bevor die Mädchen ihm darauf antworten können, meldet sich sein Sohn energisch zu Wort.

„Darf *ich* vielleicht sagen, was ich mir ausgedacht habe? Es war schließlich meine
Idee mit der Überraschung."

„Du hast recht, mein Junge", bestätigt
seine Mutter. Florian holte tief Luft.

„Meine Eltern sind einverstanden, dass
wir…am Wochenende…, also am Samstag
und Sonntag, eine Stunde mit den Ponys
über unsere große Wiese und am Wald
entlang reiten dürfen." Er beobachtet die
Gesichter der beiden Mädchen.

Anna und Marlene machen einen Luft-
sprung. „Das ist wirkliche eine tolle Idee",
jubeln sie und sind ganz aus dem Häus-
chen, besonders Marlene.

„Morgen geht`s los, Mädels. Ich habe al-
les vorbereitet", verkündet Herr Grünberg
und gibt seiner Frau ein Zeichen, damit
sie fortfährt.

„Es gibt etwas, was wir noch heute erledigen wollen." Mama Sonja nimmt die

Kinder mit zu den Boxen.

„Wie ihr wisst, haben wir ja drei Pferdchen. Das eine hier heißt Fredi." Sie streichelt sanft über das helle, weiche Fell. „Das zweite, braune, heißt Bora und das dritte, mit dem schwarzen Fell, das ist Tonga. Wer soll nun welches reiten?" Die Ponys haben neugierig ihre Köpfe über die Brüstung gehoben. Anna stutzt.

Hatte sie den Namen richtig gehört? Das schwarze Pony heißt Tonga?

Indessen zieht Frau Grünberg etwas aus ihrer Jackentasche hervor. „Seht mal, hier habe ich drei Lose. Auf jedem steht der Name eines Ponys. Das Los entscheidet also. Marlene, du darfst das erste Los ziehen, dann ist Anna dran. Flori nimmt das letzte, einverstanden, mein Sohn?"

„Na klar, bin ich einverstanden", sagt er gönnerhaft und zieht die Brauen hoch.

Als Marlene ihr Los öffnet und den Namen des Ponys vorliest, atmet Anna auf. Ihre Freundin wird auf Bora reiten.

„He, Bora, für eine Weile gehörst du mir", ruft Marlene dem hübschen, braunen Pony zu.

Anna kann es kaum erwarten, ihr Los zu öffnen. Ob ihr geheimer Wunsch in Erfüllung geht? Unsicher, ganz langsam rollt sie das Papier auseinander. Als die ersten zwei Buchstaben, To..., zum Vorschein kommen, gibt sie einen Freudenschrei von sich. „Juhu, ich darf auf Tonga reiten." Sofort rennt sie zur Box, streicht liebevoll über Tongas Kopf und sein schwarzes Fell, das wunderschön glänzt.

Floris Eltern lächeln über die aufgekratzten Mädchen. Ihr Sohn muss nun mit Fredi Vorlieb nehmen, obwohl Tonga doch sein Pony ist. Allerdings wissen sie nicht, dass es Anna war, die sich den

Namen einmal ausgedacht hatte. Florian aber freut sich insgeheim, als er ihre strahlenden Augen sieht. Er hätte ihr sowieso Tonga überlassen, denn er mag Anna sehr. Aber das behält er lieber für sich.

Nun war es an der Zeit, sich zu verabschieden. Oma Erna erwartete ihre beiden Gäste zur Vesper mit selbst gebackenem Kuchen.

Florian begleitete die Mädchen noch bis ans große Hoftor. Lümmel trottete hinterher und ließ sich nochmal streicheln.

„Also dann bis um 10 Uhr bei uns. Ich freue mich schon auf morgen", verrät er.

„Du bist ein toller Bursche, Flori", sagt Marlene zum Abschied und blinzelt ihn schelmisch an. Anna spitzt die Lippen.

„Hatte ich dir das etwa verschwiegen?", fragt sie mit gespielter Entrüstung.

Florian schaut den beiden noch eine Weile nach, dann verriegelt er das Tor und geht zurück ins Haus. Er denkt an morgen, an Anna und Marlene.

Die beiden Mädchen hüpfen gut gelaunt durch Lumbach. Kurz vor dem Ziel ruft Anna plötzlich: „Stopp, stopp!"

„Was ist los, geht dir die Luft aus?", fragt die Freundin erstaunt und bleibt ebenfalls stehen.

„Wir könnten auf der Wiese da drüben schnell noch einen hübschen Strauß für meine Oma pflücken", erklärt Anna und zeigt auf die gegenüberliegende Seite der Straße. „Was meinst du, wollen wir?" Marlene überlegte. „Du hast recht. Sie ist sehr lieb mit mir und ich finde auch, dass wir ihr eine Freude machen sollten."

Doch dann stutzt sie plötzlich. „Dürfen wir denn auf dieser Wiese, ohne um Erlaubnis zu fragen, einfach so die Wiesenblumen pflücken?"

Anna schaut sie entgeistert an.

„Du brauchst keine Angst zu haben. Wir sind doch hier nicht im Stadtpark, und wir stehlen auch nichts aus einem fremden Garten. Die bunte Wiese dort drüben gehört der Gemeinde und alle dürfen sie benutzen. Oder siehst du etwa einen Zaun drumherum?", fragt sie mit gespitzten Lippen."

Marlene schaue verlegen zur Seite.

Woher sollte sie das wissen? Anna bemerkte, dass sie sich mit ihrem letzten Satz im Ton vergriffen und wie ein Klugscheißer benommen hatte.

„Entschuldige, ich habe es nicht so gemeint." Sie nimmt die Freundin in den Arm."

„Schon gut, Frau Lehrerin", sagt Marlene und stupst Anna in die Seite.

„Jetzt lass uns lieber nach den Blumen

schauen, sonst kommen wir noch zu spät zum Nachmittagsschmaus."

Sie flitzten hinüber auf die Wiese. Es duftete nach frischem Gras. Überall lugten gelbe, rote, und weiße Blüten aus dem Grün hervor; manche klein und zart, andere hoch hinaus. Zwei Zitronenfalter spielten Fangen. Marlene konnte sich gar nicht sattsehen. „Was für ein wunderschöner, bunter Wiesengarten. Wie groß der Löwenzahn ist, und Kornblumen wachsen hier auch", wundert sie sich.

„Siehst du dort vorn die weißen Blumen? Ich meine die Margeriten. Die habe ich oft als kleines Mädchen für Mama und Oma mit nach Hause genommen, wenn ich hier herumgetollt bin. Von denen gibt es immer genug auf dieser Wiese. Manchmal waren wir auch mit unserer Kindergarten-Gruppe zum Toben hier", schwärmt Anna.

Das konnte Marlene gut verstehen. Diese

Wiese ist ein kleines Paradies. Sie lief zu den Margeriten hinüber.

„Du kümmerst dich um die Blümchen und ich suche ein paar Gräser dazu. Die passen bestimmt gut zu den weißen Margeriten", rief Anna von weitem. Der große Strauß sah wunderschön aus und duftete lieblich. Marlene hielt ihn in der Hand und schnupperte immer wieder an den Blüten.

„Vielleicht sollte ich für meine Mutti auch solch einen Wiesenstrauß mitnehmen, was meinst du?"

Anna nickte. „Den holen wir aber erst am letzten Tag, damit die Blumen bis nach Hause nicht verwelken."

Oma Erna stand bereits in der Haustür, als die Mädchen angetrabt kamen.

„Wo seid ihr denn gewesen? Wir wollten uns um 14.00 Uhr an meinem Küchentisch versammeln, wenn ich mich recht erinnere." Sie beugte ihren Kopf neugierig

zur Seite. „Was versteckst du denn da hinter deinem Rücken, mein Kind, darf ich es mal sehen?"

Blitzschnell hält Marlene ihr den Blumenstrauß mit den Gräsern so dicht unter die Nase, dass die Großmutter herzhaft niesen muss.

„Die Margeriten sind für dich, Oma Erna, freust du dich?" Frau Hellweg zögerte.

„So, so, ihr habt also Blumen für mich gepflückt. Na gut, dann will ich mal vergessen, dass ich auf euch warten musste und bedanke mich für das Gastgeschenk. Aber nun kommt endlich rein!"

„Ich hole schnell eine Vase, dann können wir die Margeriten gleich auf den Tisch stellen." Anna, stürmte in die Küche und machte sich am Schrank zu schaffen. Im ganzen Haus duftete es verführerisch nach Kuchen. Am liebsten hätten die Mädchen sich sofort hingesetzt, aber Oma Erna zeigte auf die Tür zum Bad. „Das

Handtuch für die Hände hängt gleich neben dem Waschbecken," sagte sie, nahm ein Messer, und schnitt den Obstkuchen, den sie am Vormittag gebacken hatte, in 12 gleiche Stücke. Sie dachte bei sich, dass sie wohl am nächsten Tag noch davon essen könnten.

„Seid ihr fertig, Kinder? Ich gieße jetzt die Milch in eure Tassen."

Kaum hat sie das gesagt, stürmen die beiden auf ihre Plätze.

„Es gibt ja heute sogar Sahne, die ich so gerne nasche. Und es duftet nach Erdbeeren." Marlene leckte sich mit der Zunge über die Lippen.

Der Tortenboden mit den frischen Erdbeeren obendrauf war so lecker, dass die zwei Naschkatzen sich kaum beherrschen konnten. Es dauerte nicht lange und auf dem Kuchenteller lagen gerade mal noch

6 Stücke. Oma Ernas Augen wurden immer größer. Das hatte sie nicht erwartet.

„Ihr zwei seid ja beinahe unersättlich", scherzte sie.

„Wunderst du dich immer noch über unseren Appetit? Du verwöhnst uns mit so vielen Sachen. Ich esse zu Hause meistens weniger, kannst du glauben. Und du, Marlene?"

„Ehrlich gesagt, bei mir ist es genauso", gestand die Freundin. „Aber ich denke, dass wir nicht gleich dick werden, wenn wir mal ein paar Tage über die Stränge schlagen."

„Ganz recht, mein Kind, pflichtet Oma Erna ihr bei. „Wenn ich euch betrachte…, ihr seid schlank, beinahe dünn. Da kann wohl ein Kilo obendrauf nicht schaden, oder?" Die Mädchen schauen belustigt drein. Damit war die Diskussion über dieses Thema erledigt und die Vesper mit

Oma Erna beendet.

„Was machen wir nun? Hast du vielleicht eine Idee?", fragte Anna ihre Freundin.

„Ich würde gerne noch einmal auf die Wiese gehen und mir die vielen schönen Blumen und Gräser ansehen", wünschte sich Marlene. Wir könnten einen Ball mitnehmen. Was meinst du?"

„Geht nur, Kinder. Es ist doch heute herrlich draußen", ermuntert die Großmutter sie. Das musste sie nicht zweimal sagen, denn sofort machen sich die Mädchen aus dem Staub. Auf der Blumenwiese angekommen, lassen sie sich mit ausgebreiteten Armen ins weiche Gras fallen, schlagen Purzelbäume und hüpfen fröhlich hin und her. Marlene jauchzte vor Freude. So ausgelassen hatte Anna ihre Freundin schon lange nicht erlebt.

„Du würdest wohl heute am liebsten auf der Wiese übernachten?"

„Ich glaube, dafür bin ich zu ängstlich", gesteht Marlene. „Aber es wäre schön, wenn ich bald wieder mit dir nach Lumbach fahren dürfte. Ob das möglich wäre?"

„Warum nicht! Ich bin sicher, meine Oma hat nichts dagegen, wenn wir ein paar Tage mehr bei ihr verbringen. Dann ist sie wenigstens nicht so allein. Wir können sie ja fragen, bevor wir abreisen", schlug Anna vor. Dann tollten sie noch eine ganze Weile mit ihrem Ball auf der Wiese herum und beobachteten dabei einen roten Milan, der seine Kreise zog und dabei wahrscheinlich auf der Nahrungssuche nach Mäusen Ausschau hielt.

Es war spät geworden. Die Vögel hatten ihre Konzerte beendet und von den Schmetterlingen war auch keiner mehr zu sehen. Tief stand die Sonne am Horizont und tauchte mit ihren letzten Strahlen den

Himmel über dem Wald in ein wunder-
schönes rotes Licht, als die Mädchen sich
auf den Heimweg machten.

Schon vor dem Haus kroch ihnen der Duft
von Bratkartoffeln in die Nase. Oma Erna
hatte den Tisch fürs Abendbrot bereits
gedeckt und erwartete die hungrigen
Geister.

„Morgen werdet ihr mir ein bisschen helfen, einverstanden?"

„Wir können ja das Frühstück vorbereiten", schlägt Anna vor.

„Ja, da haben wir schon Übung. Das machen wir nämlich immer so, wenn wir uns
gegenseitig an einem Wochenende
besuchen", bestätigte Marlene.

„Gut, Kinder, diese Arbeitsteilung gefällt
mir. Ihr seid für das Frühstück verantwortlich, ich fürs Abendbrot."

Dann setzten sie sich an den Tisch, aßen
Bratkartoffeln mit Gurkensülze und

erzählten der Großmutter von allen aufregenden Erlebnissen des ersten Tages in Lumbach auf dem Bauernhof der Familie Grünberg und über ihr fröhliches Wiesen-Abenteuer am Nachmittag.

„Habt ihr heute noch was vor?", fragte die Oma nach dem Essen.

„Nö, vielleicht lesen wir noch eine Weile", antwortet Marlene darauf. „Wir haben spannende Bücher dabei. Oder, Anna?"

Anna gibt der Freundin ein Zeichen, ihr zu folgen.

„Gute Nacht, Oma und danke für das leckere Abendbrot." Gleich darauf sind beide im Bad verschwunden.

„Vergesst nicht, morgen früh seid ihr dran mit dem Küchendienst," rief Oma hinterher.

„Heute schlafen wir bestimmt wie die Murmeltiere." Marlene gähnte und ließ sich aufs Bett fallen. Anna schaut ihre

Freundin erstaunt an. Eigentlich hatte sie noch ein kleines Abenteuer geplant. Aber daraus würde wohl heute nichts mehr werden, denn Marlenes Augen fallen beinahe von allein zu, so müde ist sie. Anna flüstert „Gute Nacht", machte das Licht aus und kroch unter ihre Decke. Es dauerte nicht lange und die beiden Mädchen lagen friedlich schlafend nebeneinander.

Nur Tonga, das kleine Schaukelpferd auf dem Dachboden ist noch wach. Traurig steht es in der Ecke und denkt bei sich: „Anna, liebe Anna, magst du mich nicht mehr, oder hast du mich vergessen?

Was für ein Morgen! Die Sonne lacht ins Zimmer und am Himmel ist kein einziges Wölkchen zu sehen. Anna sieht auf ihren Wecker. Es ist gerade sieben Uhr. Marlene schien noch zu schlummern, als plötzlich Theo, Oma Ernas Hahn, aus Leibeskräften zu krähen begann. „Was ist los, ist was passiert?", ruft die Freundin und war mit einem Satz aus dem Bett gesprungen. „Hast du noch nie einen Hahn gehört?", fragt Anna lachend. „Er ist der Chef auf dem Hühnerhof und verantwortlich für die gackernde Schar. Die Hennen lieben ihren Beschützer und legen brav jeden Tag ein Ei, an manchen Tagen sogar zwei."

Marlene lief zum Fenster. „Einen Hahn mit solch wunderschönen bunten Federn habe ich noch nie gesehen", staunt sie und betrachtet aufmerksam das schöne Tier. Anna ist froh, dass sie ihre beste Freundin mitnehmen durfte. Endlich kann sie ihr zeigen, wie schön es auf dem Lande ist. Im Lumbacher Kindergarten war sie als kleines Mädchen sehr glücklich mit Julie, Max, Trixi, Willi und ihrem allerbesten Spielfreund Florian.

„Weißt du, Marlene, anfangs war ich mir nicht sicher, ob du dich vielleicht langweilen würdest, wenn wir in unserem kleinen Dorf Ferien machen, denn du bist eine echte Stadtmaus."

„Nein, nein, Anna, das darfst du nicht denken. Ich finde es schön, dass wir hier sind. In Lumbach gefällt es mir sehr, deine Oma ist die allerbeste auf der Welt und Florian mag ich auch. Wir haben noch zwei Tage vor uns, da wird es bestimmt einige Überraschungen geben. Da bin ich beinahe sicher."

„Na, dann wollen wir mal schnell ins Bad huschen und uns fertig machen, damit wir nichts verpassen. Ich glaube, Oma Erna wartet schon auf zwei Heinzelmännchen, die das Frühstück vorbereiten wollen."

Bis in die Küche war das fröhliche Lachen der beiden Mädchen zu hören. Annas

Großmutter legte inzwischen eine Decke mit blauen Blumen auf den Tisch und nahm die passenden Tassen und Teller dazu aus dem Küchenschrank. Sie wusste, dass ihre Enkelin dieses Geschirr besonders mochte. In den Korb für die Brötchen hatte sie ein weißes Tüchlein gelegt und für jeden ein Messer und einen Löffel aus dem Besteckkasten genommen. Mehr gedachte sie heute nicht zu tun. Als Anna und Marlene in die Küche gestürmt waren und ihr freudig „Guten Morgen" gewünscht hatten, nahm sie ihre Jacke vom Stuhl. „So, Mädels, ich versorge jetzt die Hühner und bringe frische Eier mit. Ihr könnt euch inzwischen, wie besprochen, um das Frühstück kümmern. Schön, dass ich mich auch mal wieder an einen gemachten Tisch setzen darf", sagte sie freudig und ging hinaus auf den Flur.

„Es wäre doch gelacht, wenn wir kein ordentliches Frühstück zustande bringen würden, was Marlene?" Dann wuselten die zwei in der Küche hin und her. Anna kannte sich aus und gab der Freundin zwischendurch Anweisungen. Sie sollte Tee zubereiten, die Milch erwärmen und frische Brötchen aus dem Brotkasten in das Körbchen legen. Währenddessen holte sie aus der Speisekammer und dem Kühlschrank, was auf dem Frühstückstisch nicht fehlen durfte: Butter, Marmelade, Käse und ein bisschen Wurst. „Wir brauchen noch einen kleinen Topf, damit wir die Eier kochen können, wo ist der denn bloß?", Anna sieht sich in der Küche um. „Der steht bereits auf dem Herd mit Wasser drin." Marlene hatte ihn zuerst entdeckt. Nun fehlt nur noch Oma Erna. Aber da ging auch schon die Tür auf.
„Seht mal, wie fleißig meine Hühnchen

wieder gewesen sind." Sie zeigt stolz das Körbchen, in dem sieben Eier liegen. „Nur eine von den 8 Hennen hatte wohl einen freien Tag." Sie reicht Anna drei davon.

„Die frischen Eier werden uns bestimmt besonders gut schmecken", sagt Marlene.

„Das walte Hugo", entgegnet Frau Hellweg. „Diese drei Worte bedeuten nämlich, da kannst du sicher sein."

„Meine Oma kennt auch viele Sprüche", erzählt Marlene. Sie überlegt einen Moment. „Manchmal ermahnt sie mich, wenn ich mal wieder keine Lust habe, meine Hausaufgaben zu machen und sagt: „Ohne Fleiß- kein Preis".

„Da hat sie wohl recht", bestätigt Oma Erna und nimmt die gekochten Eier aus dem Topf.

Nachdem alles vorbereitet ist, setzen die drei sich gut gelaunt an den Tisch und schwatzen dabei munter weiter. Die

Mädchen langen wieder tüchtig zu, als würde es demnächst nichts mehr zu essen geben. Oma Erna frühstückt am Morgen nur ein Brötchen. Dazu trinkt sie genüsslich eine Tasse Tee. Das ist alles. Belustigt beobachtet sie die kleinen Vielfraße und bemerkt nebenbei: „Ihr Zwei dürft also heute wahrscheinlich zum ersten Mal mit den Ponys ausreiten?" Ohne eine Antwort abzuwarten, wirft sie einen prüfenden Blick unter den Tisch und hat plötzlich zwei Falten auf der Stirn.

Dann solltet ihr aber unbedingt feste Schuhe anziehen. Mit Sandalen an den Füßen kommt bei Herrn Grünberg niemanden aufs Pferd", lässt sie die beiden wissen.

„Daran habe ich gar nicht gedacht",
seufzt Anna und schaut Marlene an. „Hast du denn überhaupt noch ein Paar andere Schuhe eingepackt?"

„Natürlich habe ich die dabei. Wenn es mal regnet, wollen wir ja nicht die ganze Zeit im Zimmer hocken, oder?", stellt sie die Sache klar. Die Mädchen hüpfen in den Flur, nachdem Oma erklärt hat, dass sie den Abwasch übernehmen will. Flink tauschen sie ihre Sandalen gegen feste Schnürschuhe, nehmen ihre Jacken und stecken zum Abschied nochmal kurz die Köpfe durch die Küchentür.

„Tschüss, Oma Erna. Bis zum Abendbrot!" Plötzlich haben sie es eilig, denn die Uhr zeigt gerade 9 Uhr 45.

„Los, Marlene, wir flitzen jetzt bis zum Grünwaldhof, ohne anzuhalten", schlägt Anna vor.

„Gute Idee. Dann verbrauchen wir gleich ein paar Kalorien nach unserem ausgiebigen Frühstück und außerdem sind wir pünktlich bei Florian. Ich kann es kaum erwarten."

„Sieh einer an. Hat meine Freundin vielleicht Sehnsucht?", frotzelt Anna und es
schien, als wäre sie ein kleines bisschen
eifersüchtig.

„Mir geht es aber genauso", verriet sie sofort und fand ihre Bemerkung doof.

Sie rannten um die Wette, am Teich vor-
bei, am Tante-Emma-Laden, an den großen Bäumen. Die Haare und die Zöpfe flo-
gen ihnen um die Ohren und sie rangen
alle beide nach Luft, als sie das Tor vom
Grünwaldhof erreicht hatten.

„Puh, das war ganz schön anstrengend.
Ich schwitze."

„Ich auch." Anna und Marlene sehen sich
an und lachen. Plötzlich schob jemand einen Flügel vom Hoftor auf und Lümmel
stürmte heraus, gefolgt von Florian.

„Ihr seid ja ganz pünktlich, obwohl Ferien
zum Ausschlafen da sind", begrüßte er
sie.

„Um 10 Uhr war abgemacht. Wir wollten dich nicht warten lassen", säuselte Anna. Und Marlene setzte noch eins drauf.

„Versprochen ist versprochen und wird nicht gebrochen."

„Na, dann kommt mal." Aus dem Schweinestall grunzte und quiekte es munter. Wahrscheinlich hatten Aute und Jola sich viel zu erzählen. Die bunte Hühnerschar wuselte an allen Ecken des großen Hofes herum. Nur der Hahn stolzierte erhobenen Hauptes auf dem Misthaufen hin und her. Florian blieb stehen.

„Wir gehen erstmal zu meinen Eltern in die Küche. Sie werden euch einige Dinge erklären, bevor wir uns mit den Pferdchen befassen. Dabei können wir gleich besprechen, wie wir den Tag verbringen wollen. Vielleicht habt ihr auch einen Vorschlag." Florian deutet mit einer Handbewegung an, dass sie ihm ins Haus folgen sollten. Anna reicht Marlene die Hand und zieht sie hinter sich her.

„Da seid ihr ja", grüßen Herr und Frau Grünberg über den Tisch und boten den Mädchen einen Platz an.

„Seid ihr schon ein wenig gespannt, auf das, was euch heute erwartet?", fragt Floris Mutter.

„Das kann man wohl sagen; wo ich doch noch nie auf einem Pony gesessen habe", antwortet Marlene und ihre Augen strahlen.

„Ich habe leider auch keine Gelegenheit zum Reiten, obwohl ich das sehr gerne tun würde. Papa ist beruflich viel unterwegs, hat keine Zeit, mich auf den Reiterhof nach Bannwitz zu fahren. Da treibe ich eben mehr Sport und spiele Handball zusammen mit meiner Freundin in unserem Schulsportverein. Wir gehen beide jede Woche zwei Mal zum Training."

Marlene nickt. „Das macht aber auch Spaß und hält uns fit."

„Ich bin überzeugt, dass wir euch mit den Ausflügen auf unseren Ponys viel Freude bereiten." Herr Grünwald schaut die Mädels aufmunternd an. Dann wirft er einen prüfenden Blick auf die Schuhe der beiden. „Ich hatte schon Sorge, aber wie ich sehe, seid ihr gut vorbereitet."

„Das haben wir meiner Oma Erna zu verdanken", gesteht Anna. „Sie erklärte uns, dass wir ohne feste Schuhe auf dem Grünwaldhof nicht aufs Pferd dürfen."

„Da hat die Oma recht. Und es gibt noch Einiges mehr, was man wissen muss, bevor man sich auf ein Pferdchen setzen darf", fügt Florian Mutti hinzu.

„Das musste ich auch alles lernen, als ich vor drei Jahren zum ersten Mal auf ein Pony steigen wollte. Ihr braucht aber keine Angst zu haben, denn mein Papa erklärt euch alles", versicherte Florian.

„So, Kinder, ab nach draußen. Ich habe in der Küche und im Garten zu tun, damit ihr nicht verhungern müsst." Frau Grünberg klatschte ein paar Mal in die Hände und scheuchte die fröhliche Schar auf den Hof. Dann nahm sie ihre Schürze vom Haken und machte sich sofort am Herd zu schaffen. Sie wollte für alle eine leckere Mahlzeit vorbereiten.

„Und wir gehen jetzt in den Pferdestall." Kaum hatte Herr Grünberg die Ansage gemacht, rannten die Mädchen los und Flori hinterher. Die kleinen Freunde in ihren Boxen bekamen zur Begrüßung allesamt eine liebevolle Streicheleinheit verabreicht.

„Das ist gut. So freundet ihr euch gleich mit den Ponys an", lobte er. Dann ging er noch einmal auf den Hof hinaus.

Tonga, so schien es, hielt Ausschau nach

Florian. Denn der begrüßt sein Pferdchen meistens zuerst. Aber nun musste er sich mit Fredi beschäftigen. Das Los hatte es so entschieden. Anna drehte sich zu ihm um. „Ich werde ganz lieb mit Tonga umgehen, damit das Pony nicht traurig ist", flüsterte sie ihm zu. Aber Florian winkte ab. „Ich gönne dir die Freude. Du weißt ja, warum." Natürlich wusste sie es und am liebsten hätte sie Florian aus Dankbarkeit einen Kuss auf die Wange gedrückt. Aber was würde Marlene dazu sagen, wenn sie es bemerkte? Ihre Freundin war nicht eingeweiht. So schenkte sie ihrem Freund lieber einen Luftkuss.

Herr Grünberg kam in den Pferdestall zurück und legte allerhand Utensilien auf eine hölzerne Bank.

Er nahm eine Bürste, fuhr mit der rechten Hand unter den kleinen Gurt und zeigte den Mädchen, wie man damit bei seinem

Pony über das Fell streicht.

„Mit dieser Wurzelbürste entfernt man nicht nur Staub und Schmutz aus dem Fell, sondern verabreicht den Pferdchen auch gleich eine Massage. Das haben sie besonders gern."

Als nächstes öffnete er nacheinander die Boxen und führte Fredi, Bora und Tonga auf den Hof. Nachdem er sie mit ihren ledernen Riemen an der Stallwand befestigt hatte, durfte jeder zu seinem Pony gehen. Dann drückte er allen dreien eine Bürste in die Hand. Anna und Marlene waren schon ganz aufgeregt.

„Ich hoffe, ihr habt vorhin gut aufgepasst. Nun legt mal los."

Es funktionierte prima. Den Pferdchen schien es auch gut zu tun. Herr Grünberg, der die Aktion überwacht hatte, war zufrieden.

„Gut gemacht. Jetzt wisst ihr jedenfalls

schon ein bisschen mehr über die Pferde-
pflege." Florian war mit allem, was an-
sonsten noch zur Pflege der Tiere gehört,
besser vertraut als die Mädchen. Das war
jedoch kein Grund, sich heute nicht daran
zu beteiligen, im Gegenteil. Ihm war auf-
gefallen, dass die Mädels ab und zu verstohlen zu ihm hinüberschauten, um zu
sehen, wie er mit der Bürste hantierte.
Das machte ihn ein wenig stolz.

Sein Papa hatte ihm versprochen, dass
er demnächst mit intensivem Reitunterricht beginnen dürfte, wenn in der Schule
weiterhin alles glatt lief. Darauf freute er
sich schon. Denn er hoffte insgeheim,
dass er eines Tages vielleicht bei einem
Turnier mitmachen könnte.

Herr Grünberg sammelte die Wurzelbürs-
ten ein und verstaute sie im Regal neben
den Boxen. Marlene und Anna hatten sich
neben ihre Ponys gestellt und warteten

auf die nächsten Anweisungen des Reit-
lehrers. Florian durfte Fredi inzwischen
zum Wassertrog führen.

„Das macht ihr zwei mit euren Schützlin-
gen auch. Immer schön der Reihe nach,
sobald der Platz am Trog wieder frei ist",
erklärte Herr Grünberg, während Fredi
schon begonnen hatte, gierig Wasser zu
schlürfen. Die Luft war warm und trocken.

„Die sind aber durstig", wunderten sich
die Mädchen.

„Das ist noch gar nichts", sagte Florian.
„Manchmal säuft jedes Pony einen ganzen Eimer Wasser leer."

Plötzlich kam Lümmel laut bellend um die
Ecke gefegt. Das tat er immer, wenn eine
fremde Person am Gehöft auftauchte. Alle
schauten in Richtung Hoftor. Aber da war
niemand zu sehen. Wie es schien, hatte
er Langeweile und wollte sich wegen Ver-
nachlässigung mit Gebell beschweren.

Florian streichelte ihn und brachte sein Hündchen bis an die Haustür.

„Du bleibst jetzt brav hier sitzen, hast du verstanden? Wir spielen nachher eine Runde, versprochen." Lümmel gähnte und rollte sich zusammen.

„Der hört ja aufs Wort", sagte Anna. Florian lachte. „Aber nur manchmal, wenn wir Besuch haben."

Nun galt die Aufmerksamkeit wieder den kleinen Ponys.

„Habt ihr schon bemerkt, Mädels, dass jedes der drei Pferdchen einen eigenen Charakter hat?", fragte Floris Papa. Marlene sah Anna an. Die zuckte mit den Schultern. Nein, das hatten sie nicht. Herr Grünberg sprach weiter.

„Bora ist ein sanftes Tier und sehr folgsam. Das ist sicher gut für Marlene. Tonga ist ein kluges Pony mit einem starken Willen. Ich denke, Anna kommt damit bestimmt auch gut zurecht. Bei Fredi hingegen braucht man etwas mehr Geduld, weil er manchmal ein Böckchen hat. Aber unser Florian kennt die kleine Macke und hat damit kein Problem. Wie ihr seht, gibt es gewisse Ähnlichkeiten zwischen Tieren und Menschen."

Das war eine treffende Bemerkung.

„So, und jetzt kommen wir zur Hauptsache. Ihr seid schließlich hier, um auf dem Rücken eines Ponys einen kleinen Ausflug zu machen. Dafür sind heute jedoch keine größeren Vorbereitungen mehr nötig, denn ihr werdet auf einem Reitkissen platziert und dürft die Beine baumeln lassen. Außerdem werden meine Frau und ich die Ponys führen. Wichtig ist nur, merkt euch das bitte, wenn ihr mal unsicher seid, könnt ihr euch am Reitkissen festhalten. Dann kann nichts schiefgehen."

Er sah es ihren Gesichtern an, dass sie seine Worte verstanden hatten.

Vor dem Ausritt sollten die drei aber einige Runden auf dem Hof drehen. So war es vorgesehen. Florian saß bereits auf Fredis Rücken und wartete, bis sein Papa Anna und Marlene auf ihre Ponys gehievt und ihnen die Zügel übergeben hatte. Für die beiden Mädchen war dies ein aufregender Moment und ein Glücksgefühl, zum ersten Mal auf dem Rücken eines Pferdchens zu sitzen.

„Ich sehe schon, dass ihr es kaum erwarten könnt. Aber ein paar Übungen müsst ihr noch absolvieren, bevor es so weit ist", erklärte Herr Grünberg. Er gab Florian ein Zeichen. Der versetzte Fredi einen kleinen Klaps und sofort bewegte sich sein helles Pony vorwärts. Bora und Tonga trotteten ihm hinterher.

Und wirklich, die drei Pferdchen liefen

artig im Kreis und nickten brav mit ihren Köpfen, wie bei einer Dressur im Zirkus.

Anna und Marlene saßen wie zwei Grazien auf den Reitkissen.

„Immer achtgeben, dass ihr das Gleichgewicht nicht verliert." Er ließ die Pferdchen noch eine Runde laufen.

„Prima habt ihr das gemacht", rief er und erntete ein dankbares Lächeln seiner aufmerksamen Schützlinge.

„Es darf nicht passieren, dass eine von euch vom Pferd fällt, ist das klar?"

„Wir werden vorsichtig sein, Herr Grünberg, ganz bestimmt", versicherte Anna.

„Ich bin ja auch noch da und kann achtgeben", bemerkte Florian. Schließlich saß er auf einem richtigen Sattel mit Steigbügeln, denn er war ja kein Anfänger mehr und kannte die Regeln.

Papa Grünberg gab seinem Sohn ein Zeichen und Florian stieg besonders langsam und vorsichtig vom Pferd, damit die Mädchen genau sehen konnten, wie es am besten gelingt.

„Wenn ihr Reitunterricht nehmen werdet, lernt ihr auch, richtig abzusteigen, ohne dem Pferdchen wehzutun", sagte er und hob die Mädchen nacheinander vom Rücken der Ponys, Bora und Tonga. „Können wir nun unseren kleinen Ausritt machen?", fragte Marlene. Sie wäre am liebsten gar nicht abgestiegen.

Herr Grünberg schaute auf seine Uhr und dann in die Runde. „Jetzt ist es um 12 Uhr. Ich glaube, da hat ein Heinzelmännchen in der Küche eine kleine Überraschung vorbereitet. Wir sollten mal nachsehen, was meint ihr?" Das musste er nicht zweimal sagen, denn die Kinder hatten schon längst einen Duft in der Nase, der ihnen Appetit machte.

„Ist vielleicht einer unter euch, der gar

keine Eierkuchen mag?", erkundigte sich die fleißige Köchin und stemmte die Arme energisch in die Hüfte. „Soll ja vorkommen", fügte sie hinzu. Aber niemand meldete sich. Anna und Marlene leckten sich die Lippen. Sie waren beide Eierkuchen-Fans. „Nur mal her mit den Dingern und ganz viel Apfelmus bitte", ruft Florian, als alle am Tisch sitzen.

„Da bin ich aber wirklich froh", freut sich Frau Grünberg, nimmt den Deckel von der großen Pfanne und verteilt die frisch gebackenen Eierkuchen. Dann futterten alle munter drauflos. Lümmel saß brav neben der Tür und hob jedes Mal den Kopf, wenn es besonders laut und fröhlich zuging. Er weiß, dass er nichts am Tisch zu suchen hat, wenn gegessen wird, weil er ein Hund ist. Und damit er nicht auf den Hof hinausmuss, hält er sich meistens an diese Regel. Obwohl es ihm schwerfällt, wenn verführerische Gerüche in seine Nase steigen.

Nach dem Mittagessen bedankten sich die Mädels bei Florians Mama. „Solche leckeren Eierkuchen könnte es jede Woche geben", schwärmte Anna.

„Ist ja kein Wunder, dass die so gut schmecken. Glückliche Hühner legen glückliche Eier. Das weiß ich von meiner Oma", erklärt Marlene.

„Wie gut, wer die Großeltern noch hat." Frau Grünberg sieht Anna an.

„Na, deine Oma ist auch eine ganz liebe, das weißt du doch?" Anna nickte heftig.

„Ich kann mich an meine Großeltern kaum erinnern. Sie sind bei einem Unfall gestorben, als ich noch ein ganz kleiner Junge war", erzählt Florian. Seine Mama streichelte ihm über die Wange.

„Ja, Kinder, es ist schon einige Jahre her. Wir sind noch immer sehr traurig. Aber wir bewahren sie in unseren Herzen und auf vielen schönen Fotos im Album und dort." Sie zeigte auf ein Bild an der Wand neben dem Fenster, auf welchem mit freundlichen Gesichtern der Opa und die Oma zu ihnen hinüberschauten.

Herr Grünberg, der mit Lümmel auf den Hof gegangen war, rief Florian, Anna und Marlene zu sich. Er hatte inzwischen die Reitkissen wieder auf den Rücken von Bora und Tonga gelegt und Florians Pferdchen gesattelt. Der nahm auch gleich die Zügel in die Hand und führte Fredi zu einem großen stabilen Holzklotz. „Da geht er bestimmt rauf, um aufs Pony zu steigen", sagte Anna zu ihrer Freundin. „Ich bin gespannt, wie Florian sich anstellt", flüsterte Marlene und schaute wieder wie gebannt zu dem braunen Lockenschopf. Der sprang gerade mühelos auf den Klotz, stellte sich seitlich neben Fredi, hob sein linkes Bein in den Steigbügel und schwang das rechte Bein nach hinten über den Ponyrücken, während er die Zügel fest in der Hand behielt. Und schon saß er sicher auf dem Reitsitz. Die Mädchen staunten, wie leicht er diese Übung absolviert hatte und klatschten Beifall. Florian lachte und machte eine Verbeugung zu seinen zwei Bewunderern. Als Anna und Marlene an der Reihe waren, hievte der Reitlehrer sie auf ihre Ponys. Stolz und glücklich saßen nun die drei Freunde auf dem Rücken der Pferde. Frau Grünberg stand in der Haustür. „Wartet mal einen Augenblick. Ich will noch ein Foto von euch machen." Kurz darauf kam sie mit einer Kamera auf den Hof gerannt. „Ihr wollt doch sicher euren Freunden in der Schule erzählen und zeigen, was ihr am Wochenende in Lumbach erlebt habt, oder?", sagte sie lachend, knipste die

Kinder auf den Pferdchen und steckte danach die Kamera in die Tasche zurück.

„Schade, dass mein Handy im Gästezimmer bei Oma Erna liegt. Ich habe gar nicht daran gedacht, dass wir unseren Eltern ein paar Fotos hätten schicken können", stellte Marlene traurig fest.

„Wir werden sie mit schönen Bildern überraschen, wenn wir wieder zu Hause sind", tröstet Anna ihre Freundin.

Die hatte den kleinen Kummer schnell hinuntergeschluckt.

„Kinder, Kinder!", rief Frau Grünberg erschrocken, sah zu ihrem Mann hinüber und fasste sich an den Kopf. „Wie konnten wir es nur vergessen!" Herr Grünberg hatte sofort verstanden. Florian verdrehte die Augen. Auch ihm war klargeworden, warum der geplante Ausritt noch nicht stattfinden konnte. Was aber war der Grund für die Aufregung? Anna und

Marlene schauten von einem zum anderen.

„Wir haben ein Problem", Floris Vater holte tief Luft. „Ohne einen Reithelm auf dem Kopf geht es nicht. Das haben wir ja Gott sei Dank noch rechtzeitig bemerkt, aber…", er unterbrach seine Erklärung.

Indessen war Florian sofort in den Stall gerannt und kam mit zwei Reithelmen zurück. Einer gehörte ihm. Den anderen übergab er seinem Vater, der sich wieder den Mädchen zuwandte. Frau Grünberg guckte zur Seite und schwieg. Das war schon seltsam.

„Unser Problem ist", fuhr ihr Mann fort, dass wir nur noch diesen *einen* Helm zur Verfügung haben. Wir brauchen aber *zwei.*" Er sah verlegen auf den Boden.

„Was machen wir nun?" Da war guter Rat teuer. Keiner sagte ein Wort. Die Ponys scharrten mit ihren Hufen auf dem

Pflaster. Zu lange mussten sie ruhig auf der Stelle stehen. War nun der ganze Aufwand für die Katz? Hatten sich alle umsonst auf diesen Augenblick gefreut?

Plötzlich schrie Florian aufgeregt: „Ich glaube, wir kriegen das noch hin; mein Vorschlag. Ich frage mal bei Willi nach. Er ist mein Freund und wird uns bestimmt einen Helm leihen. Da bin ich sicher." Und schon wirbelte er vom Hof. Nun hofften alle sehr, dass er bei Webers jemanden antreffen würde. Floris Eltern ärgerten sich darüber, dass sie bei den Vorbereitungen versäumt hatten, an die Helme zu denken. Das hätte nicht passieren dürfen. Schweigend warteten sie auf die Rückkehr ihres Sohnes. Nach einigen bangen Minuten sprang plötzlich Lümmel, der eben noch neben der Haustür gedöst hatte, auf und peste im Affenzahn vor ans Tor. Und da kam Florian auch schon keuchend, aber mit leeren Händen um die Ecke, denn einen Helm hatte er nicht dabei. „Bei Webers war niemand zu Hause." Er schluckte ein paarmal, bevor er weitersprechen konnte. „Die Nachbarin guckte gerade aus dem Fenster. Sie erzählte, dass Willi und seine Eltern eine Radtour geplant hatten. Wahrscheinlich sind sie noch unterwegs. Ja, das wars dann." Die Mädchen taten ihm leid. Marlene schaute ihn enttäuscht an und Anna blickte auch nicht mehr fröhlich drein. Aber sie besann sich schnell und beschloss, den anderen Mut zu machen.

„Es ist zwar schade, dass wir heute nicht ausreiten, aber das werden wir eben nachholen."

Florian gefiel es, dass Anna ihren Kopf nicht gleich hängen ließ.

„Wir könnten am Nachmittag eine kleine Wanderung unternehmen. Oder vielleicht hat einer von euch eine bessere Idee? Ich mache jedenfalls alles mit", versprach er und lächelte aufmunternd. Seine Eltern hatten sich die ganze Zeit über zurückgehalten und geschwiegen. Ihnen war der Ärger über sich selbst anzusehen. Frau Grünwald kam näher und sprach mit leiser Stimme: „Leider bleibt uns nur die Möglichkeit, unser geplantes Vorhaben auf den Sonntag zu verlegen. Wir besorgen für euch einen zweiten Helm. Hoffentlich seid ihr nicht allzu böse auf uns. Sowas wird nicht noch einmal passieren." Die beiden hatten sich nun genug Vorwürfe gemacht.

„Wir werden Fredi, Bora und Tonga wieder in den Stall bringen. Dann treffen wir uns in der Küche. Dort gibt es gleich frisch gebackenen Apfelkuchen von unserer hauseigenen Bäckerin", schwärmte Florians Papa und umarmte seine Frau. Nach dieser Einladung hellten sich die Gesichter der Kinder auf. Als Frau Grünberg gerade ins Haus eilen wollte, um den Vespertisch vorzubereiten, sprang Lümmel erneut auf und rannte laut bellend ans Hoftor. Was war denn nun schon wieder los? Alle blieben wie angewurzelt stehen. Denn es passierte etwas Unglaubliches. Willi kam um die Ecke gestürzt. Er schwenkte in der rechten Hand seinen Helm durch die Luft und rief schon von weitem. „Unsere Nachbarin war ganz aufgeregt. Sie hat mir erzählt, dass du meinen Reithelm holen wolltest. Wartet ihr schon lange auf mich?"

„Eine Ewigkeit", scherzte Flori. „Nein, nein! Weil du so schnell gekommen bist und wir nun den zweiten Helm haben, müssen Anna und Marlene nicht auf ihren Ausflug mit den Ponys verzichten."

„Ich verstehe, ihr hattet wohl nur einen Helm für die beiden Damen aus der Stadt. Es freut mich, dass ich euch helfen kann." Er schnappte noch immer nach Luft.

„Ja, Willi, …", Herr Grünberg wollte eine Erklärung abgeben, aber Anna, Flori und Marlene winkten ab und ließen ihn nicht zu Worte kommen.

„Jetzt ist alles gut, Papa. Du siehst doch, manchmal geschehen kleine Wunder", sagte sein Sohn streng und hatte seinen Vater zum Schweigen verdonnert.

„Was haltet ihr davon, wenn wir uns zuerst den Apfelkuchen schmecken lassen, bevor wir mit den Ponys ausreiten?", schlug die Bäckerin vor. „Willi ist natürlich eingeladen." Die Entscheidung war schnell gefallen. Alle stürmten in die Küche und räumten im Handumdrehen den großen Teller leer. Frau Grünberg konnte sich vor lauter Lobessprüchen kaum retten. Aber natürlich machte es sie auch stolz, dass ihr der Kuchen so gut gelungen war.

Willi wünschte den Mädchen Hals und Beinbruch beim Ponyreiten, guckte dabei schelmisch aus der Wäsche. „Wenn ihr wieder einmal nach Lumbach kommt, können wir gerne zusammen etwas unternehmen. In der Meute macht alles viel mehr Spaß." Dann spurtete er los. Am Tor drehte er sich nochmal um und winkte allen zum Abschied zu, worüber sich besonders Anna und Marlene freuten.

Nun war es endlich so weit. Alle saßen auf dem Rücken ihres Ponypferdchens.

Florian durfte mit Fredi an der Spitze traben. Hinter ihm hatte seine Mama die Zügel von Bora mit Marlene auf dem Reitkissen in den Händen. Und Herr Grünberg führte das Pferdchen Tonga mit Anna obendrauf, an der Leine.

Natürlich durfte auch Lümmel mit. Er rannte ungestüm vorweg, kam zurück, blieb ein Weilchen neben Fredi, trottete an der Seite von Bora und Tonga. Dann sprang er übermütig über die Wiese und bellte fröhlich in den Wind. Was für ein herrlicher, sonniger Tag! Am Himmel waren nur kleine Schäfchenwolken zu sehen. Ringsum duftete es nach Gräsern, wilden Kräutern und Blumen.

Auf einem abgetrennten Teil der Weide, hinter einem Holzzaun, graste die Stute Amara und ein ganzes Stück von ihr entfernt, der Hengst Sprinter. Beide Reitpferde waren angepflockt. Den Kindern wehte eine frische Brise ins Gesicht und durch die Haare. Gemütlich und ruhig trotteten die Ponys dahin und gaben nur ab und zu ein leises Schnauben von sich. Kurz darauf überquerten sie einen Feldweg und ritten in ein kleines Waldstück hinein. Am Ende des Wäldchens bogen sie nach links ab und liefen weiter an einem Bach entlang, dessen Ufer mit Hängeweiden geschmückt war. Von weitem konnte man schon den Grünberghof sehen. Viel zu schnell war die Zeit vergangen. Keiner dachte mehr daran, was sich vor kurzem dort ereignet hatte. Als sie nach ihrer Tour wohlbehalten wieder auf dem Hof angekommen waren, strahlten die Gesichter von Anna und Marlene vor Begeisterung über ihre erste Erfahrung auf dem Rücken eines Ponypferdchens.

Wie schön, dass dieser Tag doch noch zu einem besonderen Erlebnis geworden war. Die Ausflügler stiegen ab und versorgten die Ponys. Dann führten sie Bora, Tonga und Fredi in ihre Boxen und verabreichten jedem noch eine Streicheleinheit. „Wir kommen morgen wieder", flüstert Anna in Tongas Ohr. Und, als hätte das

Pony die Worte verstanden, wieherte es leise vor sich hin. Gott sei Dank war alles noch gut ausgegangen. Nun konnten auch Florians Eltern endlich wieder lachen. Nachdem sie die Mädchen verabschiedet hatten, waren Frau Grünwald und ihr Mann sofort im Haus verschwunden, um in der Küche das Essen vorzubereiten.

Plötzlich steckten die Mädchen die Köpfe zusammen und kicherten.

„Was haben die vor?", fragte sich Florian.

„Sie werden es mir bestimmt gleich verraten", dachte er im Stillen. Marlene und Anna sahen verstohlen zu ihm hinüber. Anna buffte die Freundin in die Seite.

„Los, nun erzähle, was wir uns überlegt haben."

Marlene hüstelte erst einmal verlegen.

„Also Flori, das ist so. Wir laden dich ein, das nächste Wochenende bei uns in der

Stadt zu verbringen. Anna hat Geburtstag und im Tierpark gibt es ein großes Fest. Wirst du kommen?"

Florian kratzte sich am Kopf und machte große Augen. Damit hatte er nicht gerechnet. Als er nicht gleich antwortete, half Anna ihm aus der Patsche.

„Bring Willi mit, wenn er mag. Meine Freundin möchte sich sowieso bei ihm bedanken. Stimmt doch, Marlene, oder?"

„Na klar. Das ist eine gute Idee."

„Ich denke, das lässt sich einrichten", erklärte Florian. „Willi hat sicher nichts dagegen, mitzukommen. Aber ich muss ihn natürlich fragen."

„Mach das. Und sag ihm, dass wir uns sehr freuen würden." Marlene konnte ihre Aufregung kaum verbergen, denn Florians Freund gefiel ihr, und bei dem Gedanken, ihn bald wieder zu sehen, bekam sie sogar Herzklopfen. Das war Anna nicht entgangen. Florian schaute auf seine Uhr. „Bis zum Abendbrot habe ich noch etwas Zeit. Ich werde schnell mal zu Willi sprinten und ihm eure Einladung mitteilen. Vielleicht kann ich euch morgen, wenn wir uns zum Ponyreiten treffen, berichten, ob er einverstanden ist. Mit meinen Eltern komme ich schon klar", war er sich sicher.

„Könntet ihr denn mit dem Bus fahren?", wollte Marlene wissen.

„Ich würde meinen Papa bitten, uns in die Stadt zu bringen. Ich glaube, das macht er gerne. Da kann er nämlich endlich mal wieder sein Auto benutzen."

„Dann haben wir ja alles geklärt", sagte Anna freudig und schaute auf die Uhr.

Florian brachte die Mädchen ans Hoftor.

„Bestellt bitte einen schönen Gruß an die Oma. Die wird bestimmt staunen, wenn ihr erzählt, was heute alles passiert ist."

Er bog nach rechts ab, und sauste los, um

Willi aufzusuchen. Anna und Marlene verließen den Hof, liefen in der anderen Richtung auf der Dorfstraße entlang und waren schnellen Schrittes bald am Haus von Oma Erna angekommen.

Schon an der Haustür plapperten die beiden wie aufgezogene Sprechpuppen, als wollten sie alles auf einmal loswerden.

„Ich verstehe kein Wort, wenn ihr zur gleichen Zeit redet. Kommt erstmal rein. Mir scheint, der Tag war ziemlich aufregend."

„Das kann man wohl sagen", kam es wie aus einem Mund.

Oma Erna schob Marlene und ihre Enkelin ins Bad.

„Wascht euch und zieht andere Sachen an, aber schnell. Das Abendbrot ist fertig. Später könnt ihr ausführlich über eure Erlebnisse berichten. Ich bin mächtig neugierig."

Inzwischen war Tonga von dem fröhlichen Lärm aufgewacht. Das Schaukelpferd auf dem Boden, hatte einen ganzen Tag lang geträumt. Es hatte auch die Stimmen der Mädchen vernommen, als die ins Haus gekommen waren. Traurig wieherte der verlassene Spielgefährte leise vor sich hin. Tonga glaubte nicht mehr daran, dass Anna ihr Versprechen wahr machen würde.

Das Abendbrot mit Oma Erna dauerte an diesem Tag besonders lange. Es gab viel zu erzählen. Die Oma staunte nur so und rief abwechselnd mal- oh, nicht möglich, oder- nein, sowas und -das gibt's doch nicht. Dabei schüttelte sie immer wieder ungläubig mit dem Kopf.

Als Anna und Marlene alles abgespult hatten, was an diesem ersten Tag auf dem Grünberghof geschehen war, entließ Oma Erna die Mädels aus der Küche, obwohl

die zwei ihr beim Abräumen helfen wollten.

„Ihr seht mal lieber zu, dass ihr schnell ins
Bett kommt, damit ihr morgen wieder fit
seid. Um 8 Uhr wollen wir schließlich ge-
meinsam frühstücken. Also, Gute Nacht
und träumt was Schönes." Das musste sie
nicht zweimal sagen.

Marlene und Anna hatten überhaupt
nichts dagegen und verschwanden nach
dem Zähneputzen sofort in ihrem Zimmer. Marlene gähnte so gewaltig, als
wollte sie ihre Freundin verschlingen.

„Bist du etwa so müde, dass du keinen
Bock mehr auf ein kleines Abenteuer
hast?", flüsterte Anna geheimnisvoll.

Marlene sah sie erstaunt an. „Jetzt hast
du mich aber neugierig gemacht."

„Los, dann komm. Wir schleichen auf den
Boden." Anna schlich voran und Marlene
folgte auf leisen Sohlen. Als die Tür zum

Boden ein wenig knarrte, blieb sie wie angewurzelt stehen.

„Gibt es hier oben etwa Gespenster?"
fragt sie und zögert.

„So ein Unsinn! Ich wusste ja gar nicht,
dass du ein Angsthase bist."

Anna suchte den Schalter. Eine Lampe
über der Tür ging an. Das Licht war zwar
spärlich, aber schließlich wollten sie hier
oben ja nicht lesen.

Marlene ließ ihren Blick umherwandern.
Da standen alte Möbel, ein Rollstuhl, eine
Kiste mit der Aufschrift - Weihnachten-
und dann entdeckte sie etwas, das unter
einem weißen Laken versteckt war. Was
war es?

Anna hatte längst bemerkt, dass ihre
Freundin zu ergründen versuchte, was
der Anlass für den geheimnisvollen Besuch sein könnte. Sie wollte Marlene nun
nicht länger auf die Folter spannen.

„Hokus-Pokus-Fidibus", sagte sie, griff nach dem weißen Tuch und zog es mit einem Ruck zur Seite.

„Oh, ist das aber süß," Marlene klatschte in die Hände. „Aber warum steht das schöne Holzpferdchen zugedeckt und ganz einsam auf dem Boden?"

Tonga war aufgewacht und glaubte seinen Augen und den Ohren nicht zu trauen.

„Anna, Anna!" rief es überglücklich. Doch die Mädchen konnten das Pferdchen gar nicht hören. Tonga spitzte die Ohren, als Anna erzählte, wie sie früher jeden Tag gern auf diesem Pferdchen geritten war. Als sie sich jedoch auf den Rücken von Tonga setzen wollte, um wie einst zu schaukeln, knackte und knarrte das kleine Pony.

„Steig ab, du bist zu groß für das Tier. Du machst es noch kaputt."

Anna rollte mit den Augen. „Was glaubst du wohl, wie mein Schaukelpferd heißt?"
Marlene dachte eine Weile nach, zuckte dann aber mit den Schultern. „Nun verrate es schon" rief sie ungeduldig.
„Es heißt Tonga."
„Da hast du ihm einen schönen Namen gegeben."
„Finde ich auch."
„Bei Familie Grünwald auf dem Bauernhof gibt es doch auch ein Pony, das Tonga heißt", wunderte sich Marlene.
„Stimmt, und das hat einen Grund", verriet Anna ihr. „Ich vermute, dass Flori mir mit diesem Namen eine besondere Freude machen wollte. Und das ist ihm ja auch gelungen."
„Weißt du, ich war damals schon sehr traurig, als mir meine Eltern erklärten, dass wir mein Tongapferdchen bei Oma lassen müssten, weil Schulkinder ja keine

Zeit mehr hätten, um stundenlang auf einem Schaukelpferd ins Spielzeugland zu reiten."

„Ja, ja, so sind sie, die Erwachsenen", seufzte Marlene voller Mitgefühl.

„Ich habe dann Tonga selbst auf den Boden gebracht und versprochen, bald wieder herzukommen."

„Hast du dein Versprechen gehalten?"

„Natürlich war ich in den Ferien oft bei Oma Erna. Aber an Tonga habe ich nicht mehr gedacht. Und jetzt tut es mir leid."

Das Schaukelpferd war von ihren Worten hin und her gerissen. Es hatte lange Zeit auf dem Boden gestanden und jeden Tag auf seine Spielgefährtin gewartet, aber immer umsonst. Doch nun erlebte das hölzerne Pferdchen gerade ein kleines Wunder. Anna war wieder da.

„Ist es nicht traurig, dass dieses schöne Schaukelpferd so nutzlos und einsam auf dem Boden rumsteht?"

„Das finde ich auch", sagte Marlene nachdenklich. Dabei schwirrte durch ihren Kopf ein Gedanke.

„Willst du einen Vorschlag hören?", fragte sie ganz zaghaft. Anna nickte.

„Wie du weißt, ist mein Bruder Max erst zwei Jahre alt. Du könntest ihm das Pferdchen schenken oder vielleicht leihen, was meinst du?"

„Na klar, Marlene, dass ich darauf nicht selbst gekommen bin", ärgerte sich Anna ein bisschen. „Wenn dein Papa uns mit dem Auto abholt, nehmen wir Tonga gleich mit. Ja, genauso machen wir es!"

„Und wenn Max dann in die Schule geht, bekommt ein anderes Kind das Schaukelpferd", meinte Marlene.

„Na klar. Das ist eine gute Idee", sagte Anna und hatte ihre Reue beinahe schon vergessen.

Tonga war hellwach und hatte die Ohren gespitzt. Unglaublich, was die Mädchen mit ihm vorhatten. Am liebsten wäre es vor Freude gleich in sein neues Spielzeugland geschaukelt, wo immer das auch sein würde.

„Bald kann ich es aber wieder tun", dachte das Pferdchen und war überglücklich. Nie wieder würde es einsam und traurig auf einem dunklen Dachboden stehen müssen.

Oma Erna lag schon lange im Bett, als die beiden Mädchen in ihr Zimmer schlichen. Morgen durften sie wieder auf dem Rücken ihrer echten Ponys Bora, Fredi und Tonga über die Wiesen reiten. Es dauerte nicht lange und mit dieser Vorfreude schliefen sie tief und fest in den letzten Ferientag hinein.